HELLO

FIRST NAME:

LAST NAME:

HELLO

What's your perfect number?

NUMBRES

1 2 3 4

5 6 7 8

9 10

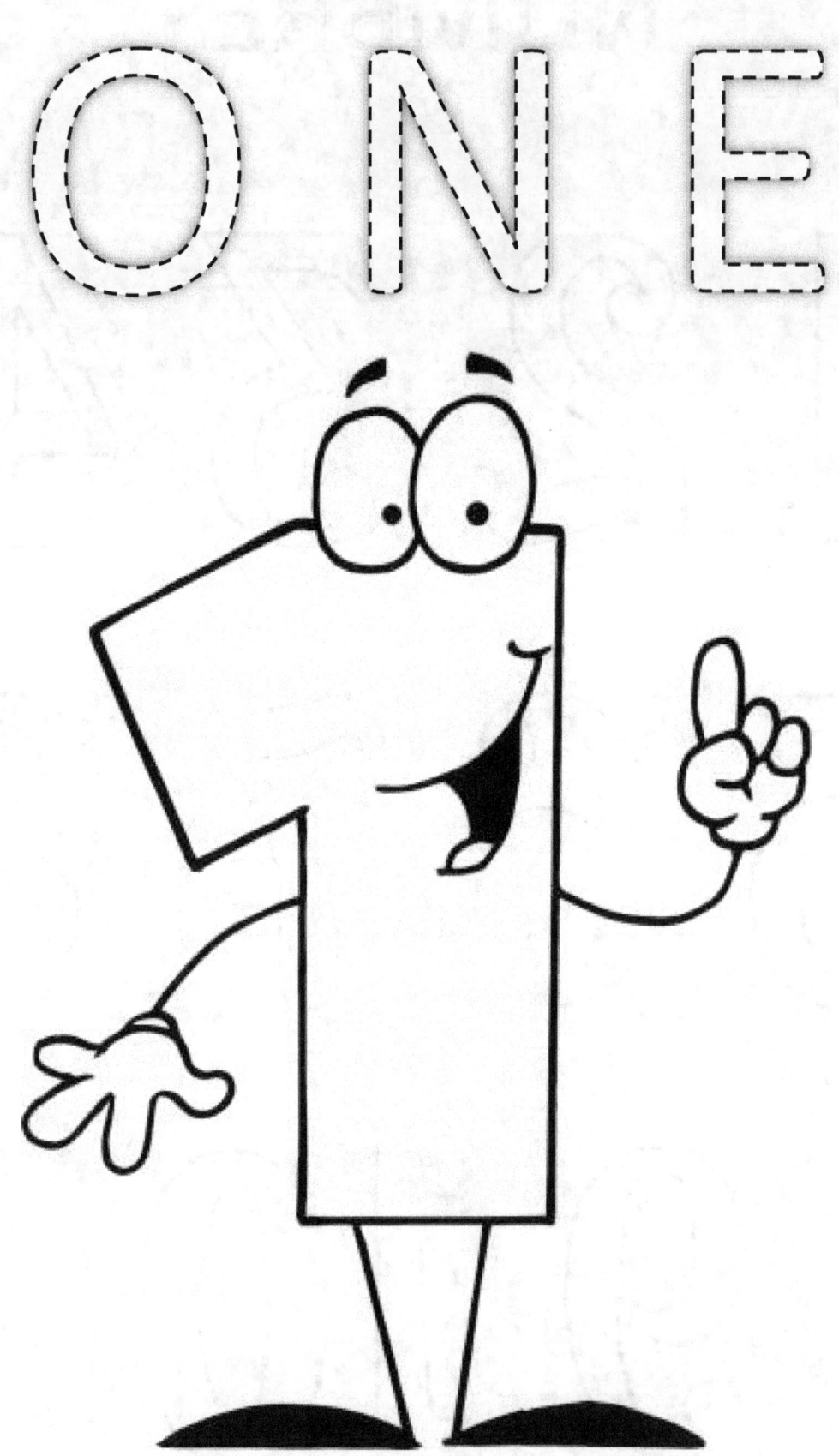

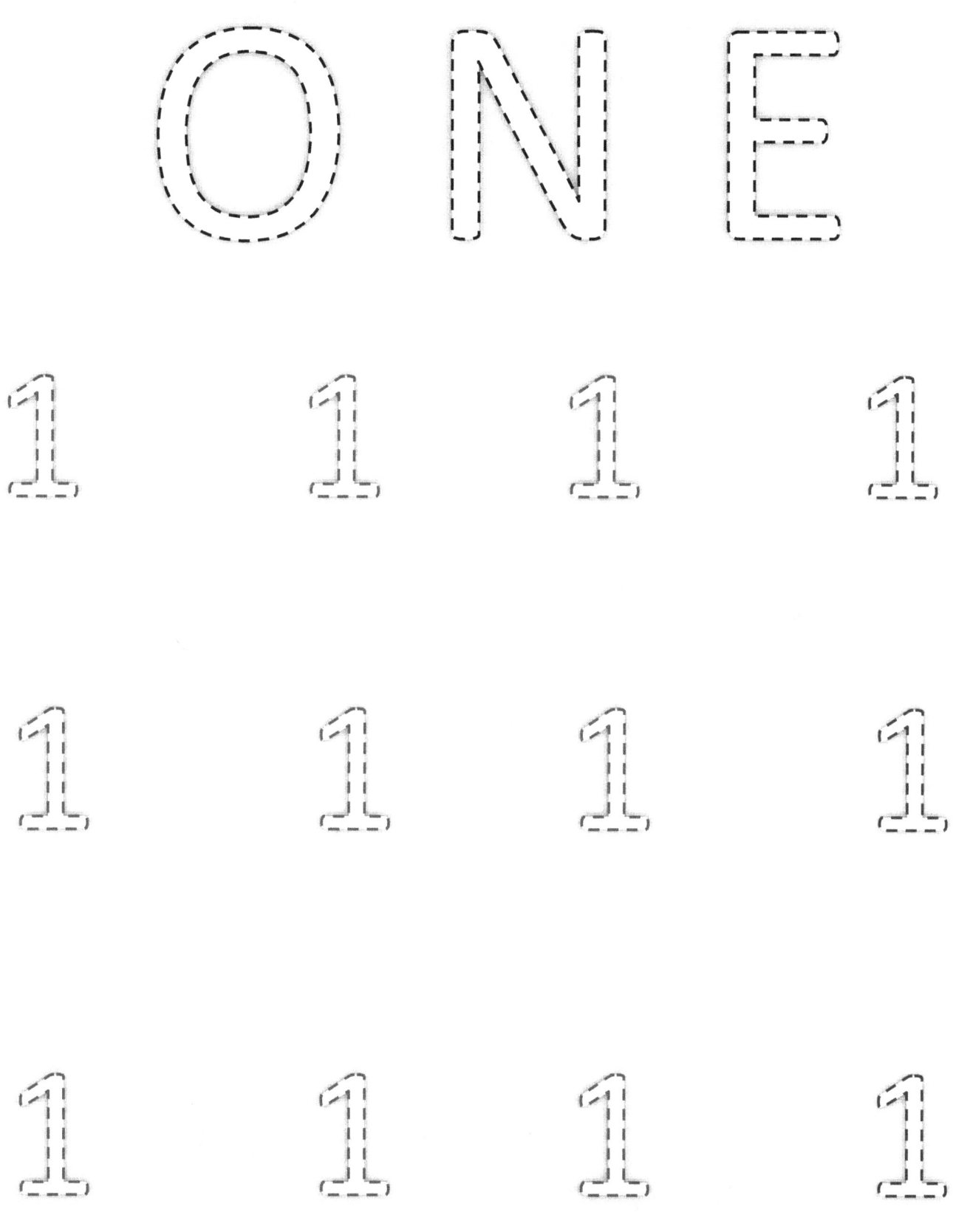

T W O

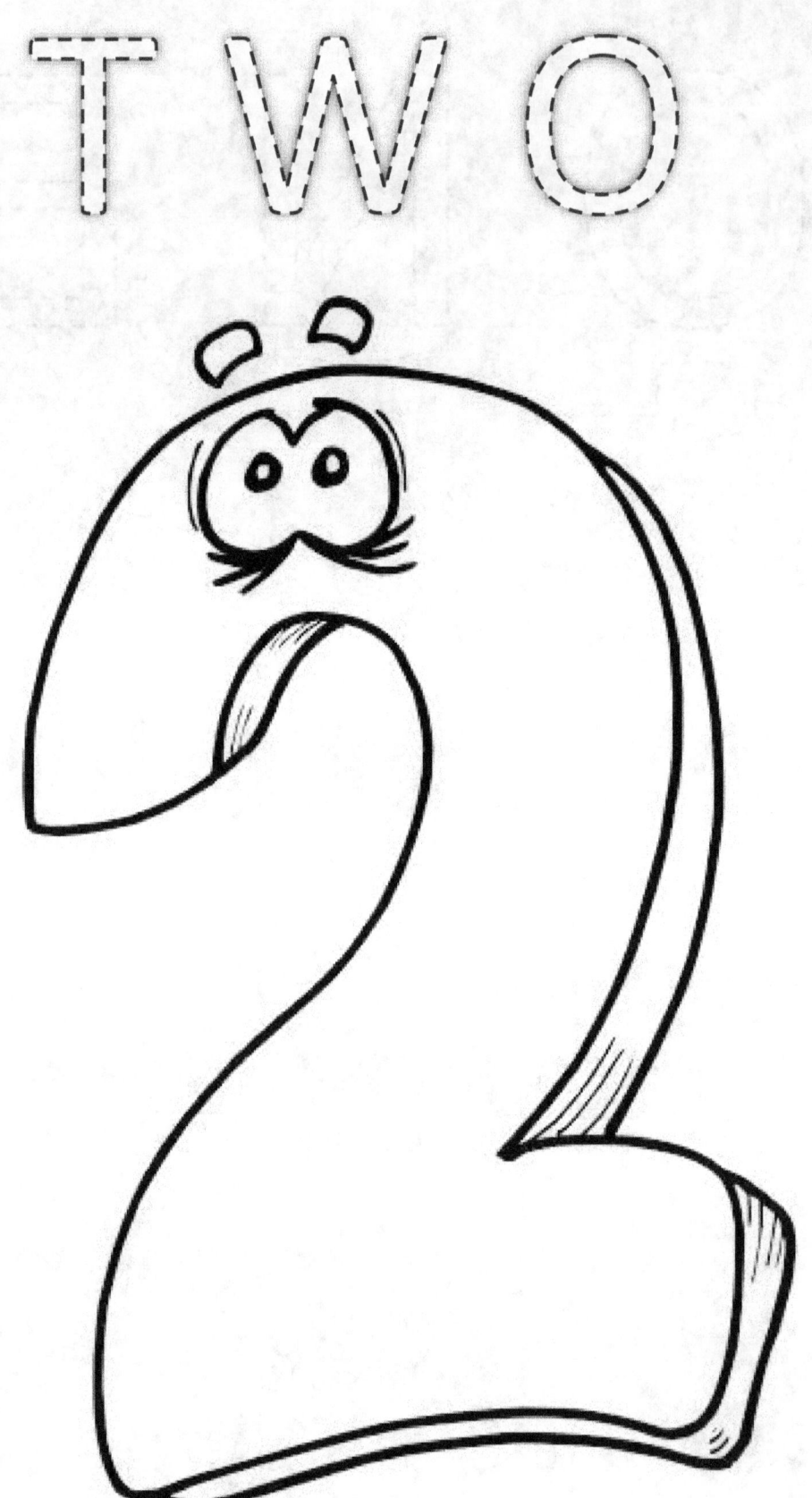

TWO

2 2 2 2

2 2 2 2

2 2 2 2

THREE

THREE

3   3   3   3

3   3   3   3

3   3   3   3

FOUR

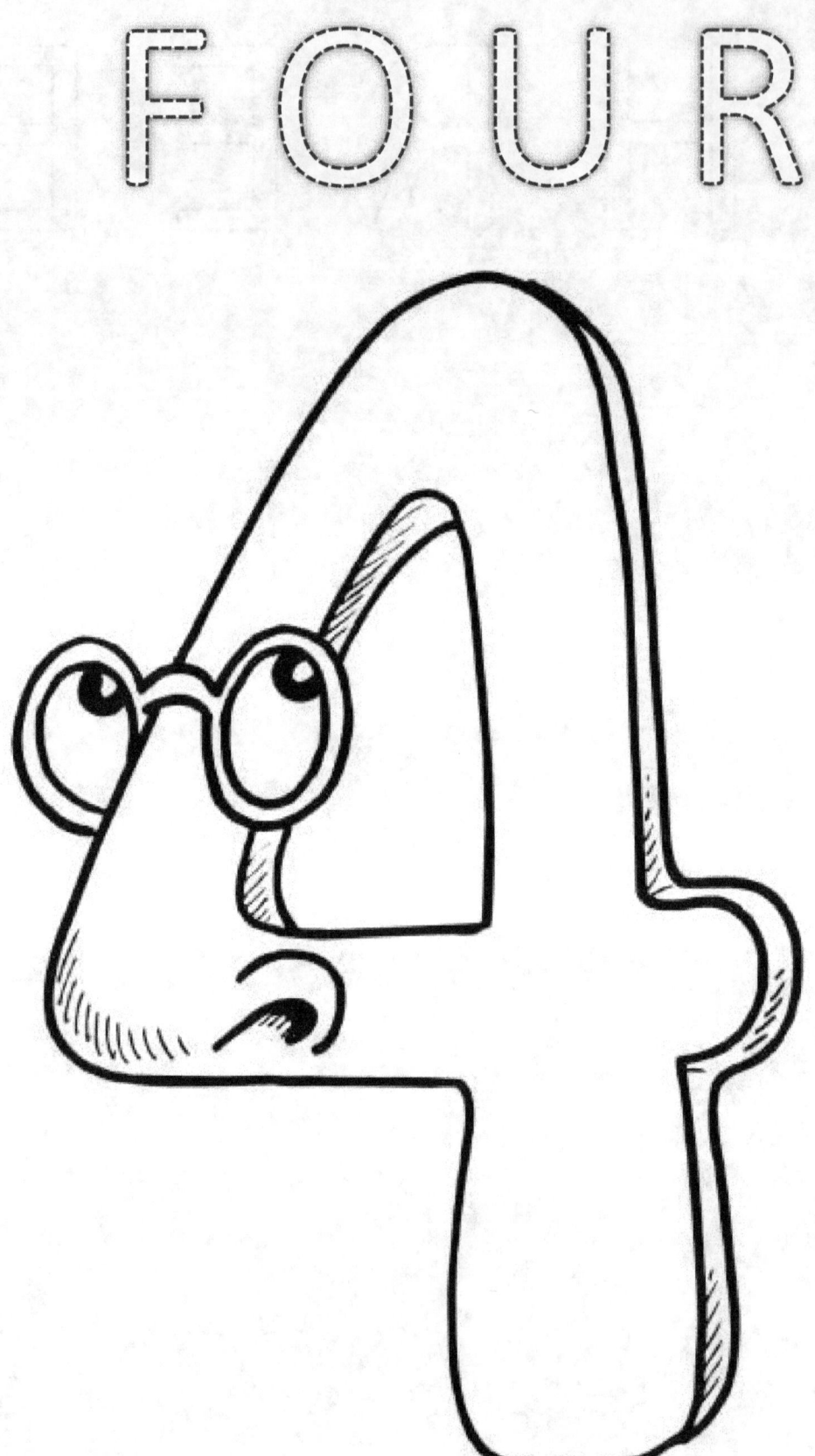

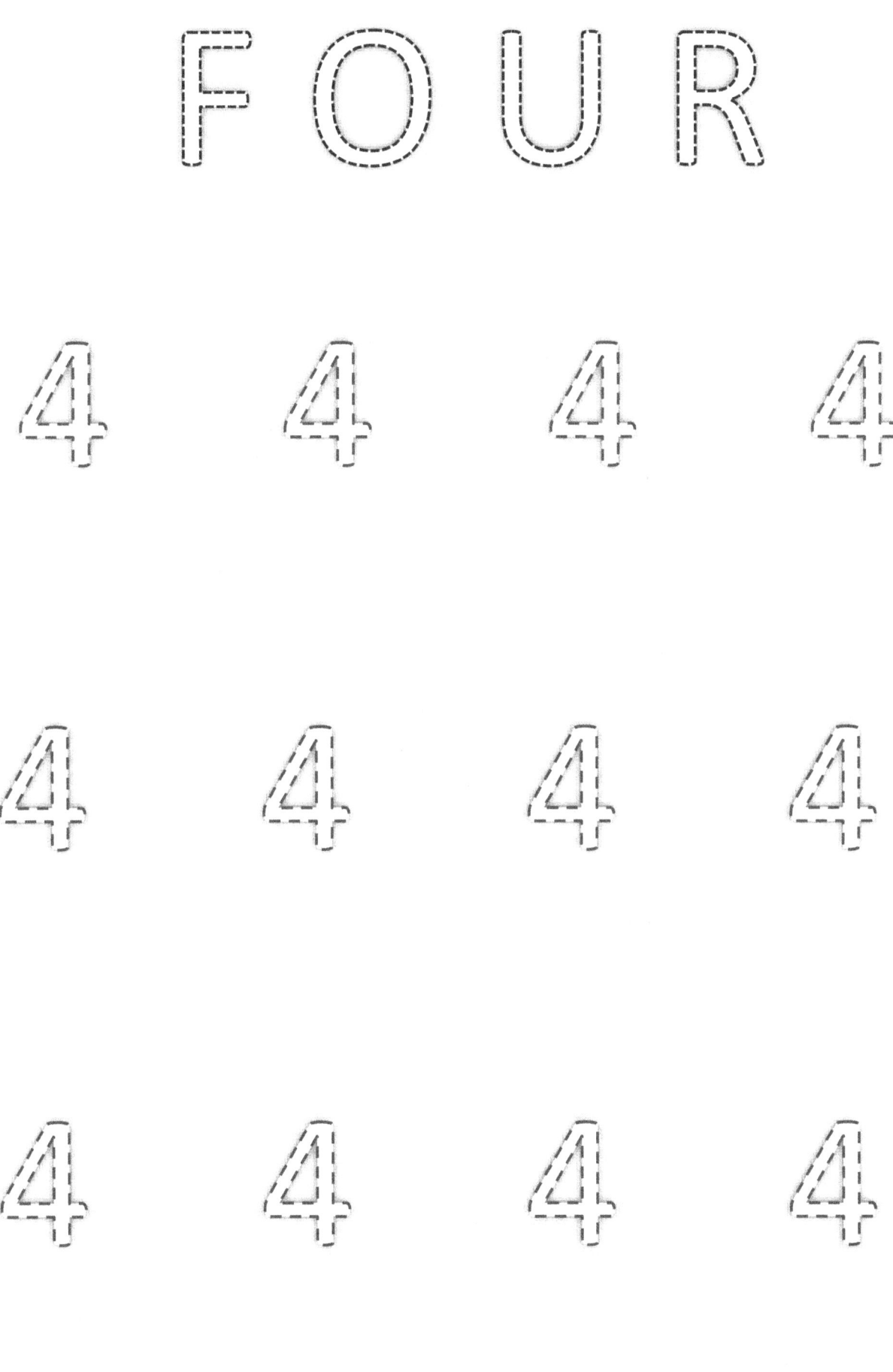

F I V E

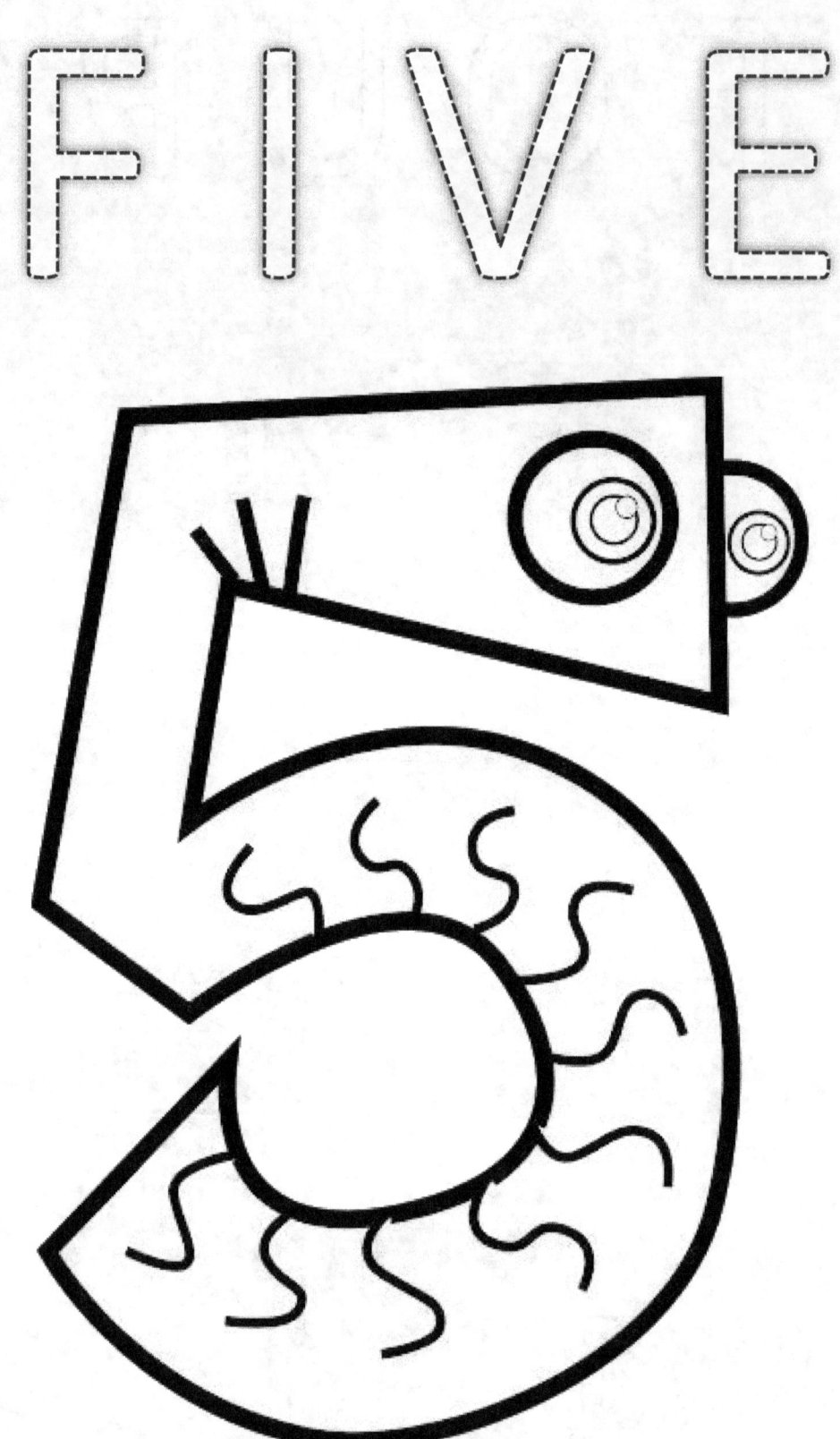

FIVE

5   5   5   5

5   5   5   5

5   5   5   5

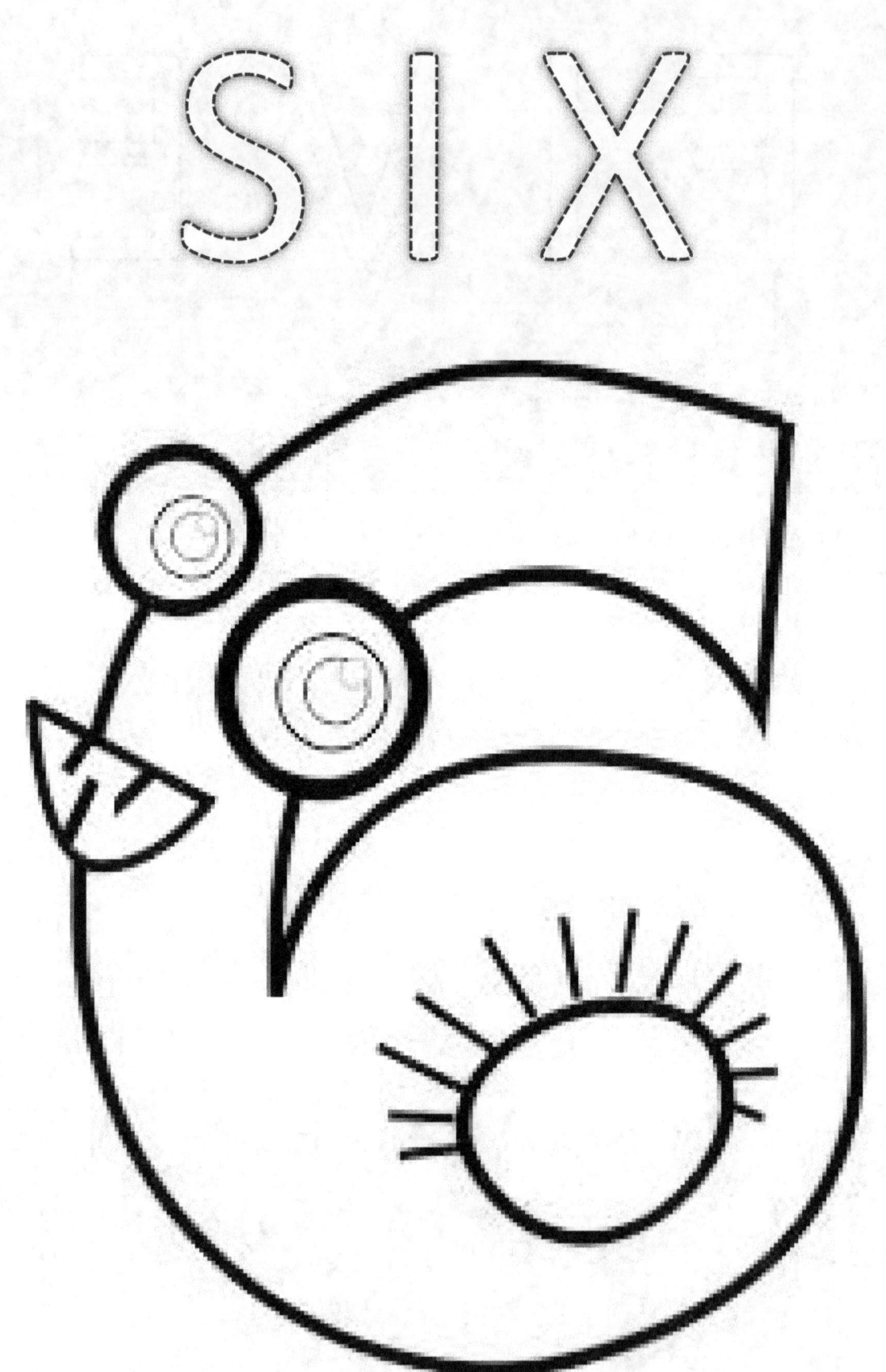

SIX

6 6 6 6

6 6 6 6

6 6 6 6

SEVEN

SEVEN

7 7 7 7

7 7 7 7

7 7 7 7

EIGHT

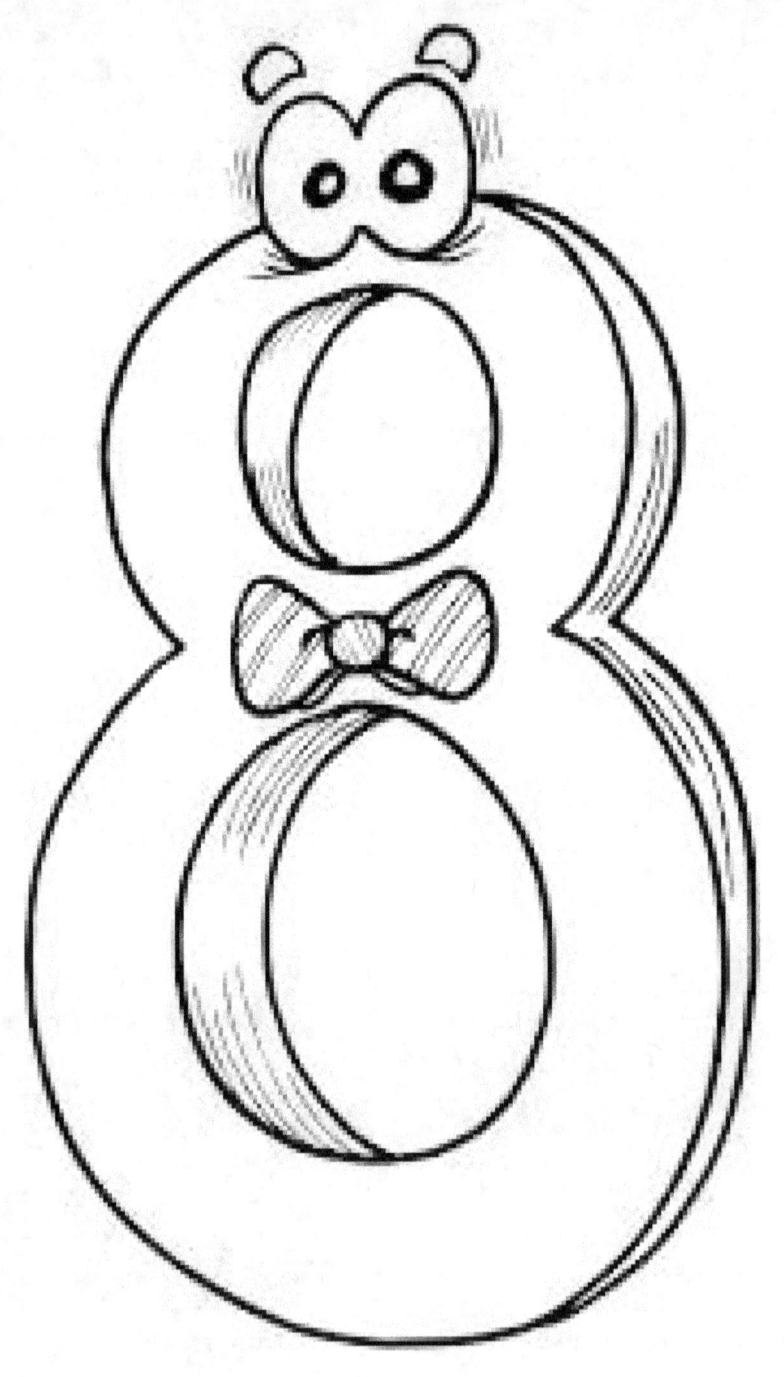

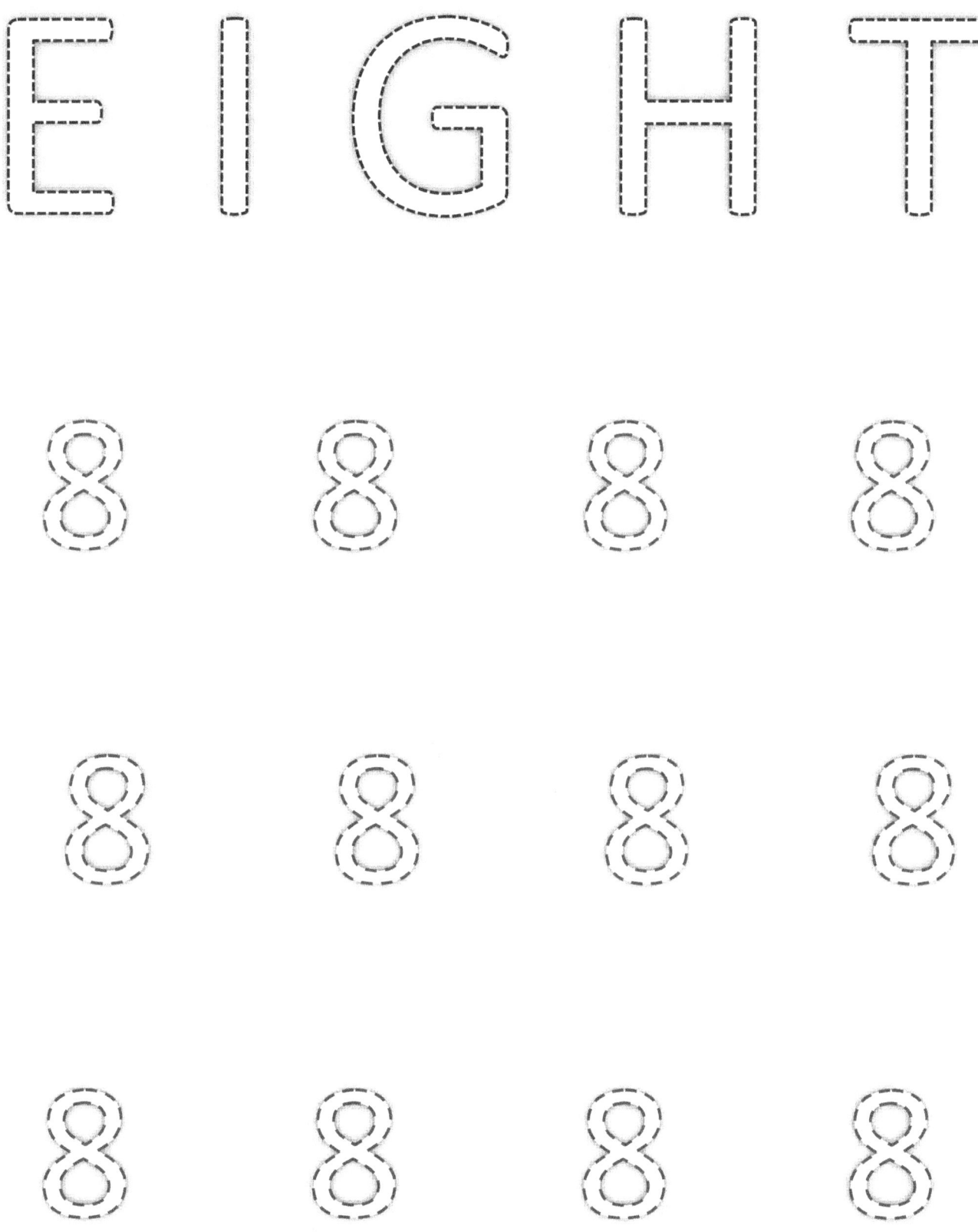

NINE

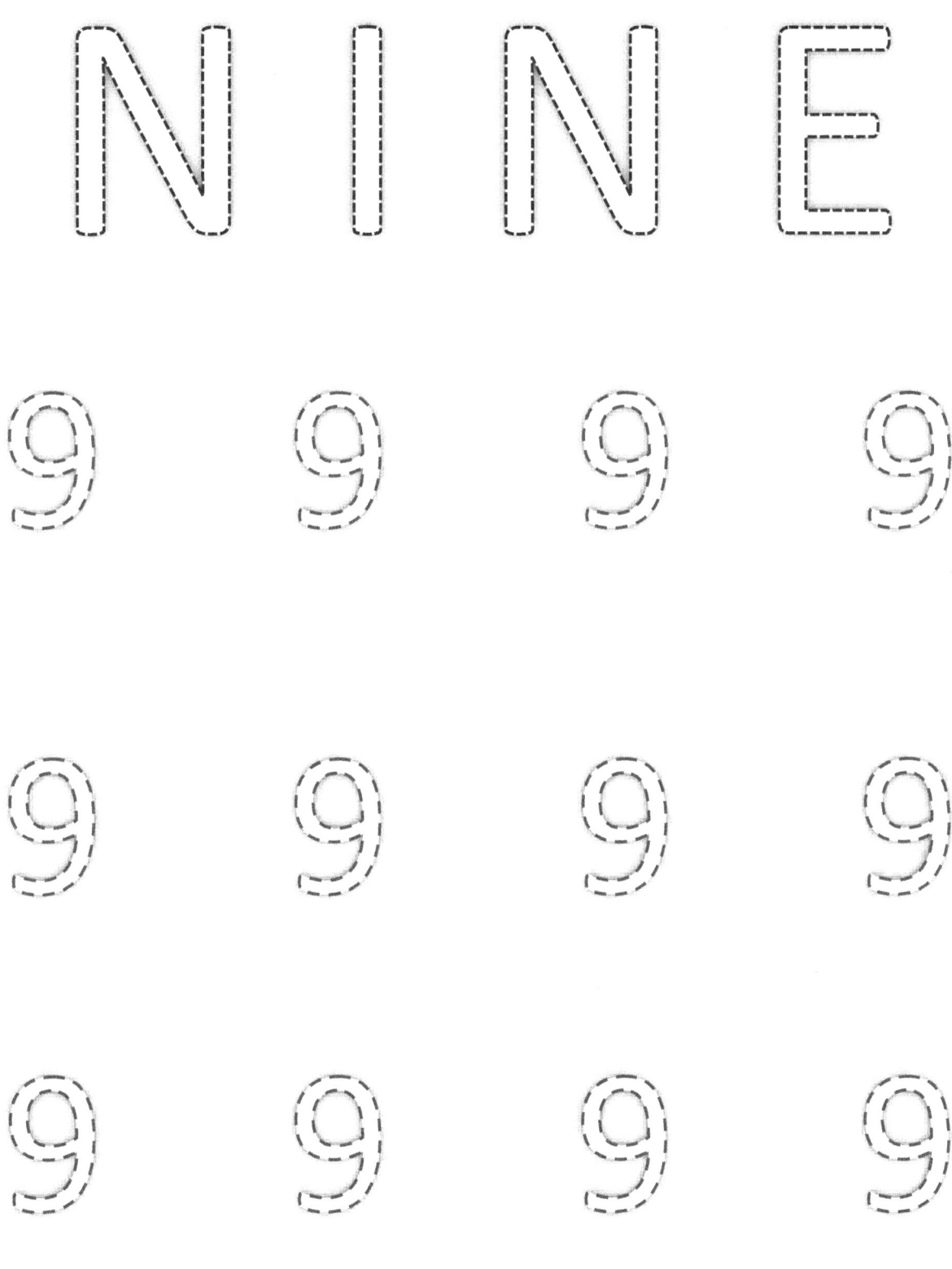

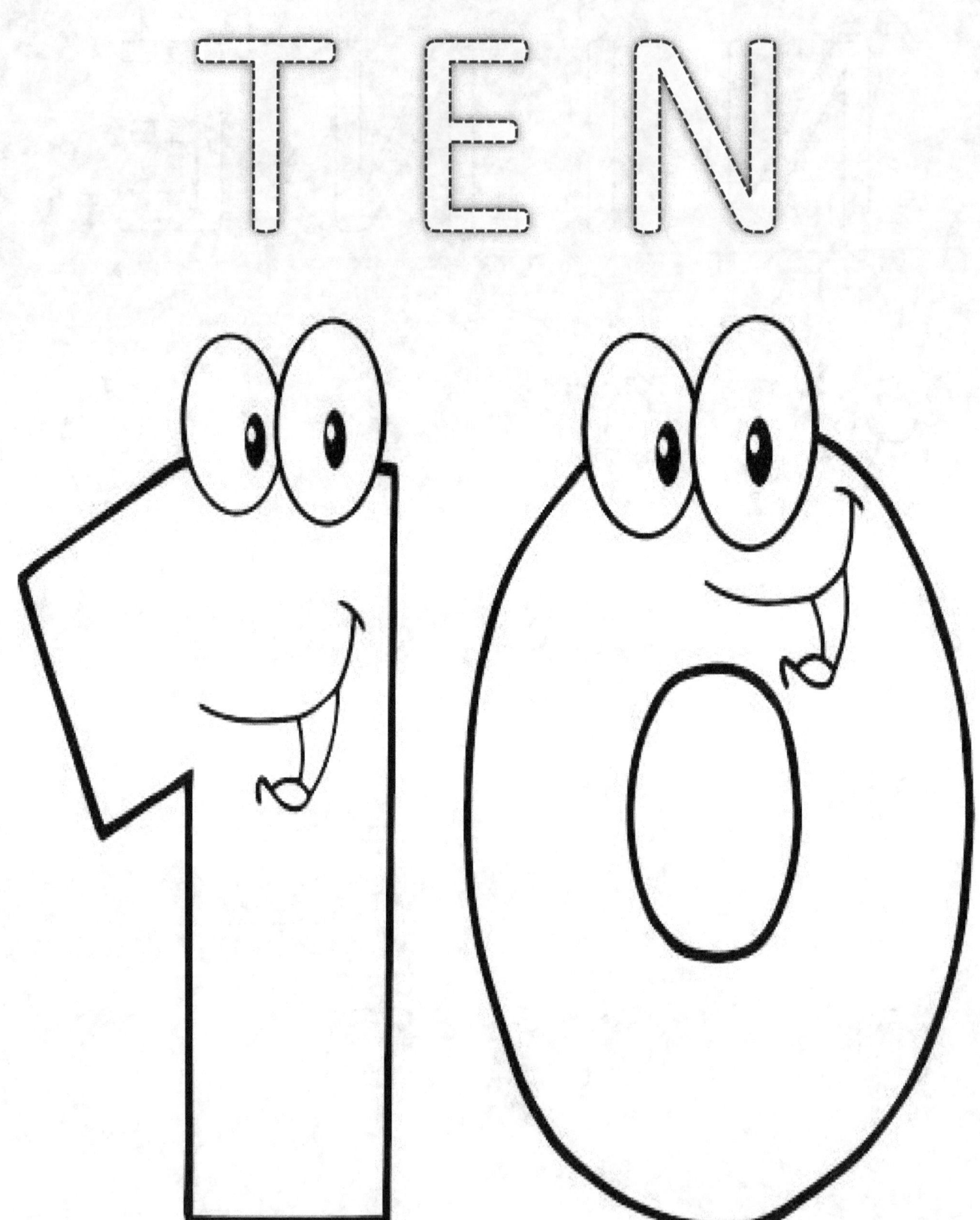

TEN

10   10   10

10   10   10

10   10   10

GOOD

WORK